Pokémon™

Attrapez-les tous !™

De nouveaux compagnons !

hachette
JEUNESSE

Aujourd'hui, Sacha est plus excité que jamais : il vient de s'inscrire à la Ligue de Kalos ! Malheureusement, avant de pouvoir participer à ce grand défi, il doit remporter un maximum de Badges d'Arène. Accompagnés de Lem, Clem et Grenousse, son premier Pokémon de la région de Kalos, Sacha et Pikachu prennent donc la direction de la ville de Neuvartault.

Alors qu'ils sont en chemin, un adorable Pokémon surgit d'un buisson. Pikachu semble aussitôt capable de communiquer avec lui. Normal, c'est un Pokémon de type Électrik ! En consultant son Pokédex, Sacha découvre qu'il s'agit de Dedenne, le Pokémon Antenne.

– Oh, attrapons-le ! supplie Clem. S'il vous plaît ! J'en prendrai soin jusqu'à ce que je sois assez grande pour devenir Dresseuse !

Clem s'approche tout doucement de Dedenne et lui tend une Baie. Mais à peine a-t-il le temps de la saisir qu'un Passerouge, le Pokémon Rouge-gorge, s'en empare ! Impressionné par la rapidité de ce Pokémon, Sacha décide aussitôt de le capturer. Pour cela, Pikachu doit l'affronter !

Mais Grenousse ne l'entend pas de cette oreille. Il veut montrer à son nouveau Dresseur de quoi il est capable. Sans même attendre les instructions de Sacha, il fonce droit sur Passerouge qui le repousse avec une puissante attaque Reflet.

– Grenousse, calme-toi ! ordonne Sacha. Tu dois laisser faire Pikachu !

Hélas, Grenousse est un Pokémon très têtu. Résolu, il désobéit et repart au combat ! Mais Passerouge est tellement agressif que, malgré ses efforts, le Pokémon Crapobulle ne parvient pas à l'atteindre. Sacha semble toutefois comprendre l'étrange comportement de Grenousse :

– Passerouge a fait de la peine à Clem en faisant fuir le Dedenne dont elle voulait s'occuper ! Tu voulais la venger...

Grenousse acquiesce d'un petit mouvement de tête. Clem est si émue de cette gentille attention qu'elle saute au cou du Pokémon pour le câliner.

– Mais tu ne peux pas foncer ainsi sans plan précis, reprend Sacha. Fais-moi confiance et écoute-moi ! Ensemble, nous serons bien plus forts !

Au-dessus de leur tête, Passerouge semble les narguer en voletant d'arbre en arbre. Sacha fronce les sourcils : il sait combien il est dur d'affronter les Pokémon de type Vol au sol !

– Il faudrait l'attirer jusqu'à nous, réfléchit-il à haute voix.

– Pour cela, j'ai la solution ! s'exclame Lem.

Le jeune garçon sort alors de son sac à dos l'une de ses extraordinaires inventions.

– C'est une machine à attirer les Pokémon de type Vol ! explique-t-il. Elle utilise des ondes sonores très puissantes pour appeler les Pokémon Oiseaux.

Malheureusement, au lieu d'attirer Passerouge, c'est tout un essaim de Dardargnan qui se précipite sur eux !

– Courons ! hurle Sacha en prenant la fuite.

Ils ont beau fuir, les Pokémon Guêpoison poursuivent le groupe sans relâche !

– Peut-être que si j'inverse la fréquence, cela les fera fuir ! propose Lem.

Le jeune inventeur met aussitôt son plan à exécution et, hourra ! les Dardargnan rebroussent chemin.

Les amis finissent leur course au milieu d'un canyon. Sacha observe le lieu avec attention. L'endroit est parfait pour permettre à Grenousse de sauter. Ici, il pourra atteindre Passerouge !

– Tu es prêt, Grenousse ? demande le jeune Dresseur. N'oublie pas que nous formons une équipe toi et moi !

Le Combat débute. Grenousse bombarde Passerouge de Grebulles, avant d'utiliser Écume, renforcée par une formidable attaque Vibraqua. Cette fois, le Pokémon Oiseau ne peut plus résister. Il s'écroule, vaincu. Il ne reste plus pour Sacha qu'à lancer sa Poké Ball afin de l'attraper.

– Bravo, Grenousse ! se réjouit Sacha. Grâce à toi, un fantastique Pokémon fait à présent partie de notre équipe !

Maintenant que le jeune Dresseur a attrapé un Passerouge, il est plus impatient que jamais de livrer son premier Combat d'Arène.

Pendant ce temps à Illumis, une fillette arrive au Laboratoire de recherche du Professeur Platane. Elle s'appelle Serena et souhaite devenir Dresseuse Pokémon. Comme à son habitude, le Professeur lui remet donc un Pokédex et lui propose de choisir le Pokémon qui va l'accompagner au cours de son aventure.

Grenousse, le Pokémon Crapobulle, Feunnec, le Pokémon Renard, ou Marisson, le Pokémon Bogue ? Serena n'hésite pas longtemps : Feunnec sera son premier compagnon de voyage ! Désormais, elle est prête à prendre la route de Neuvartault pour tenter de remporter son premier Combat d'Arène. Peut-être croisera-t-elle Sacha et ses amis en chemin ?

De leur côté, alors que Sacha, Clem et Lem reprennent la route avec Passerouge, leur nouveau compagnon, Dedenne surgit de nouveau des buissons.

– Te revoilà ! s'écrie Clem. J'aimerais tellement t'attraper !

Cette fois, Sacha lance Passerouge à ses trousses afin de ne pas perdre sa trace. Le Pokémon Oiseau les conduit jusqu'au terrier du Pokémon Antenne. Mais quelle galerie choisir ?

Pikachu prend le relais et le poursuit dans les souterrains. Au bout de quelques minutes, Sacha commence à s'inquiéter.

– Pikachu et Dedenne ont dû s'égarer...

– Sapereau va partir à leur recherche, le rassure Lem.

Pendant ce temps, Pikachu et Dedenne sont en grande conversation. Le Pokémon Souris essaie de convaincre le Pokémon Antenne de se laisser attraper. Les pauvres sont loin de se douter que la Team Rocket rôde dans les parages… Profitant de l'absence de Sacha, Jessie, James et Miaouss sont bien décidés à s'emparer d'eux.

Mais les deux Pokémon de type Électrik ne se laissent pas impressionner et prennent la fuite. James commande :

– Sepiatop, utilise Charge contre Dedenne et Pikachu !

Le Pokémon Rotation obéit et enchaîne avec Rafale Psy qui propulse Pikachu et Dedenne tout droit dans la rivière.

Portés par le courant, les deux Pokémon s'éloignent. Mais Jessie, James et Miaouss n'abandonnent jamais. À bord de leur canot pneumatique, ils tentent une dernière fois de les atteindre. Un rocher se dresse alors sur leur chemin. Impossible pour eux d'aller plus loin avec une embarcation dégonflée ! Ouf ! Pikachu et Dedenne sont sauvés !

Alertés par le bruit des attaques de Sépiatop, Sacha et ses amis finissent par rejoindre les deux Pokémon.

– Pikachu, Dedenne, vous voilà enfin ! lance Sacha. Nous étions très inquiets !

Malheureusement, le pauvre Dedenne est extrêmement affaibli par cette aventure. Clem est effondrée !

Lem a heureusement une idée ! Puisque Dedenne est un Pokémon de type Électrik, son générateur électrique devrait pouvoir lui permettre de retrouver des forces. Cela fonctionne si bien que le Pokemon Antenne est au maximum de ses capacités pour affronter une dernière fois la Team Rocket. Sous la direction de Lem, Dedenne oppose Charge et Frotte-Frimousse aux Tricherie et Rafale Psy de Sepiatop.

Mais c'est en associant ses forces avec Pikachu qu'il finit par remporter la bataille !

Dedenne est fou de joie ! Il est si reconnaissant envers Lem qu'il s'approche du jeune garçon pour se laisser attraper.

– On dirait que Dedenne t'a choisi comme Dresseur ! s'amuse Sacha.

Clem n'en revient pas : elle va pouvoir dorloter son Dedenne adoré tout au long de leur voyage ! Car il est temps pour les amis de reprendre leur route. En compagnie de Dedenne et Passerouge, l'aventure de Sacha et Pikachu dans la région de Kalos promet d'être pleine de rebondissements !